às coisas que vêm de dentro

CB002008

Dados Internacionais de Catalogação na Publicação (CIP)
(Câmara Brasileira do Livro, SP, Brasil)

Bastos, Ayssa Lima
  Aguardados / Ayssa Lima Bastos ; ilustrações da autora.
– São Paulo : Paulinas, 2012. – (Coleção vice-verso)

  ISBN 978-85-356-3061-9

  1. Literatura infantojuvenil   I. Título.   II. Série.

12-04041   CDD-028.5

Índices para catálogo sistemático:
  1. Literatura infantojuvenil 028.5
  2. Literatura juvenil   028.5

1ª edição – 2012

Direção-geral: *Bernadete Boff*

Editora responsável: *Maria Alexandre de Oliveira*

Assistente de edição: *Rosane Aparecida da Silva*

Coordenação de revisão: *Marina Mendonça*

Revisão: *Sandra Sinzato e Marina Siqueira*

Assistente de arte: *Ana Karina Rodrigues Caetano*

Gerente de produção: *Felício Calegaro Neto*

Produção de arte: *Manuel Rebelato Miramontes*

Paulinas
Rua Dona Inácia Uchoa, 62
04110-020 – São Paulo – SP (Brasil)
Tel.: (11) 2125-3500
http://www.paulinas.org.br
editora@paulinas.com.br
Telemarketing e SAC: 0800-7010081

© Pia Sociedade Filhas de São Paulo – São Paulo, 2012

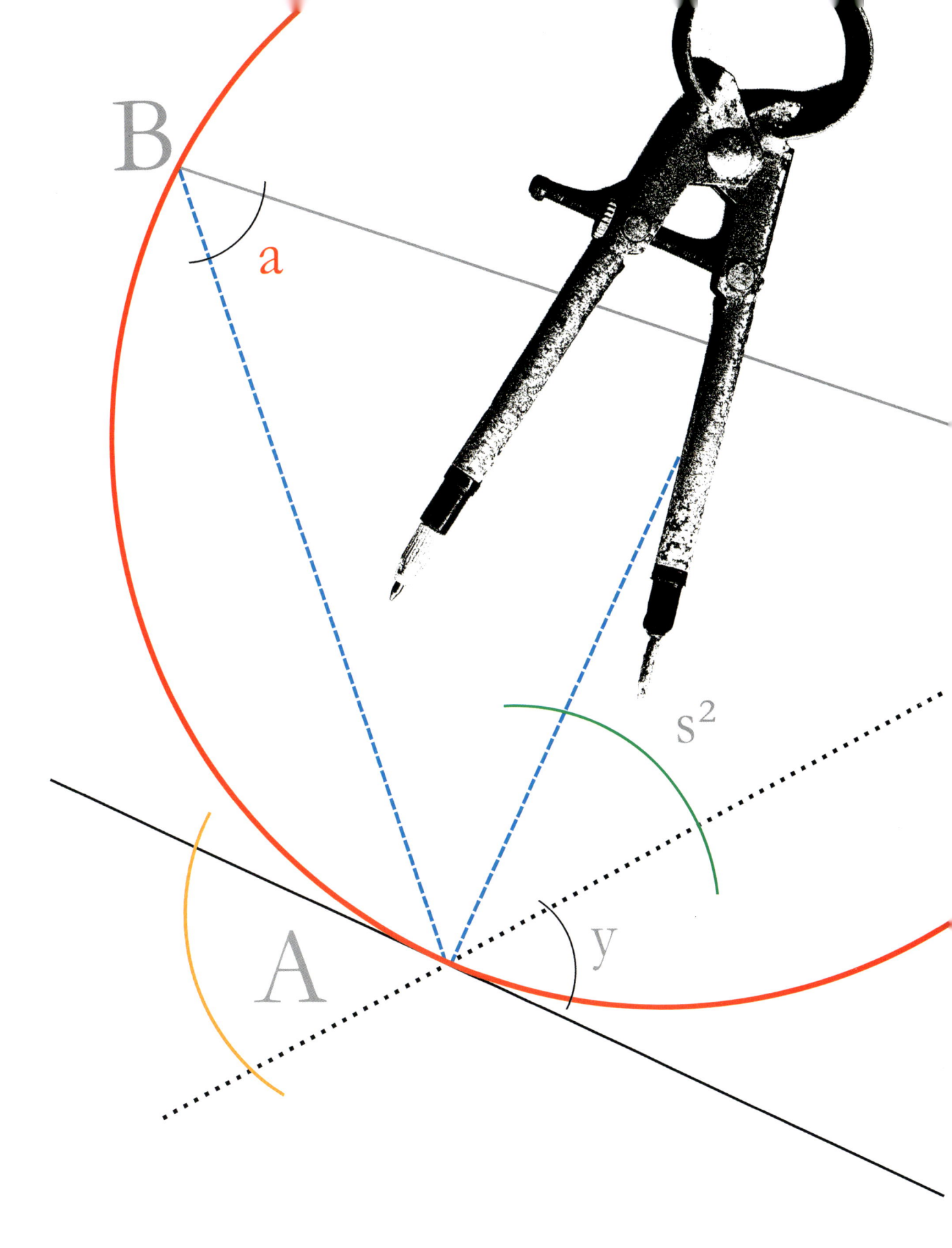

A VIDA TEM UM COMPASSO

E CAMINHA PASSO A PASSO

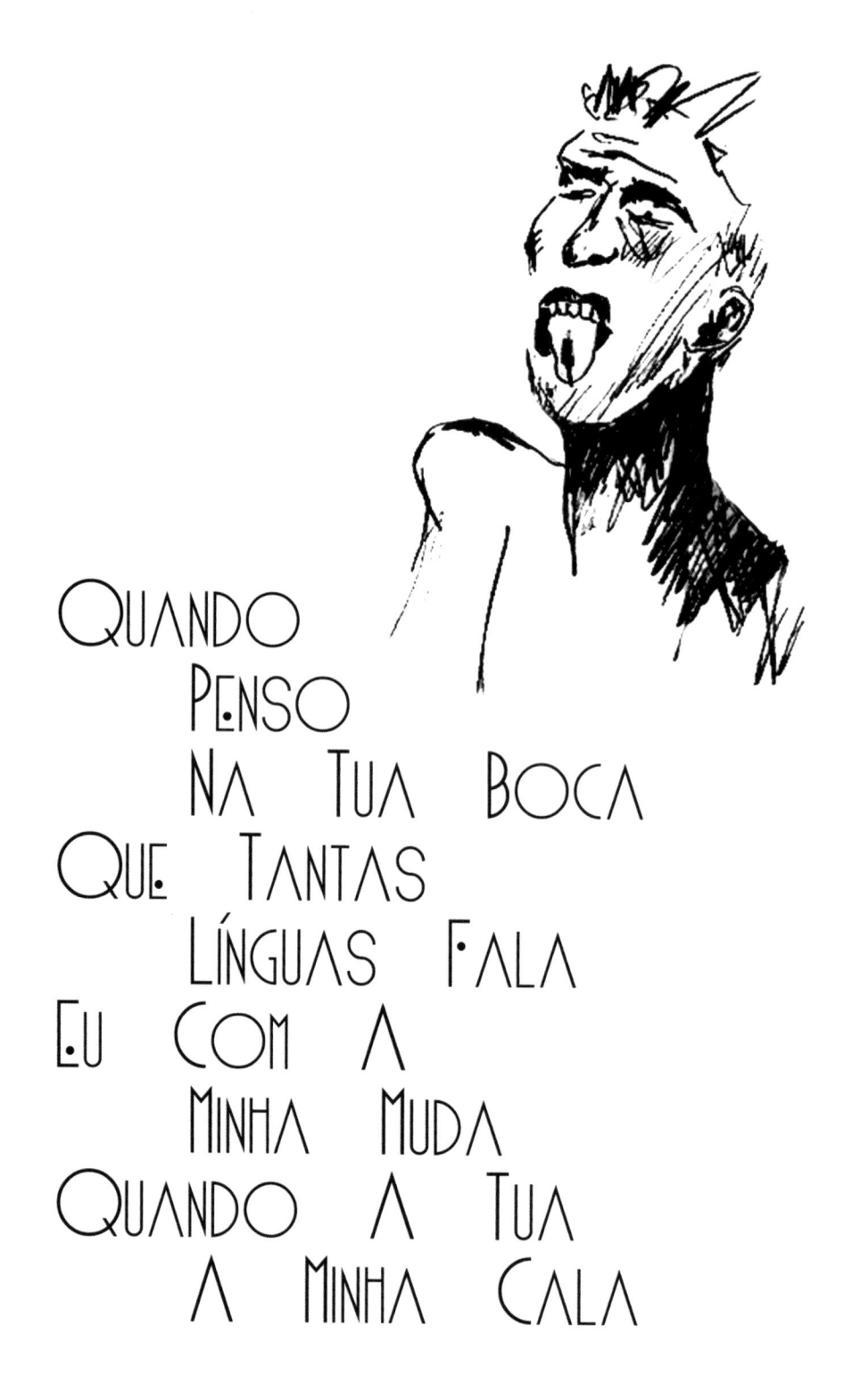

QUANDO
PENSO
NA TUA BOCA
QUE TANTAS
LÍNGUAS FALA
EU COM A
MINHA MUDA
QUANDO A TUA
A MINHA CALA

...eu viajando
em ideias
e você
estacionado
dentro
em si...

todos os dias

A VIDA
ME PERDE
UM POUQUINHO
ME PERDE EM ONDAS
QUE BATEM NAS PEDRAS
ME PERDE EM NUVENS
QUE SE DISSIPAM NOS CÉUS
E ME PERDE EM FOLHAS
SOU COMPOSTA ASSIM
DE ONDAS// NUVENS / FOLHAS

TEM QUE SER VENTO PRA ME TOCAR

Se Não Gostar
ou Se Gostar
Queime
Pra esquecer
ou Pra Lembrar

Ponte
leva a gente
a pensar
que o outro lado
pode ser melhor

O que era grande foi minguando ao te olhar todo dia

" ELI TE AMO... "

ATÉ AQUI.

UM
BALÃOZINHO
DE SÃO JOÃO
SUBIU E ME LEVOU...

ATÉ HOJE
PENSO
PARA ONDE
ELE VOOU
COM A FANTASIA
DO MEU OLHAR

PALAVRA
SEM VOZ
É
PENSAMENTO

Vc acha
q não
machuca
pq não
vê sangue

me escondia
atrás
das palavras,
assim
você nunca via
a cor
do q eu sentia

uma
maneira
+ simples
de me tornar
o q quero
é sê-lo

caminhos
do coração
são aqueles
que nos
mudam
a respiração

manada
bando
enxame
cardume
multidão

no coletivo
a vida
sempre
funciona

SOLIDÃO

é o nome

de quem

não tem

RE CICLO ME

ESCREVER
EU ESCREVIA

POETA
EU SÓ VIREI
QUANDO
VOCÊ
ME LEU

eu posso
pisar na lua
e não tocar
teu
coração

porque ele
mandacaru
farpado
não se deixa
ser tocado.

Se eu
não plantar
uma flor em mim
não nascerão
mais amores

VOU SOMAR
1 SUSPIRO
NO FINAL
DE CADA FRASE
Q CONTENHA
O TEU NOME

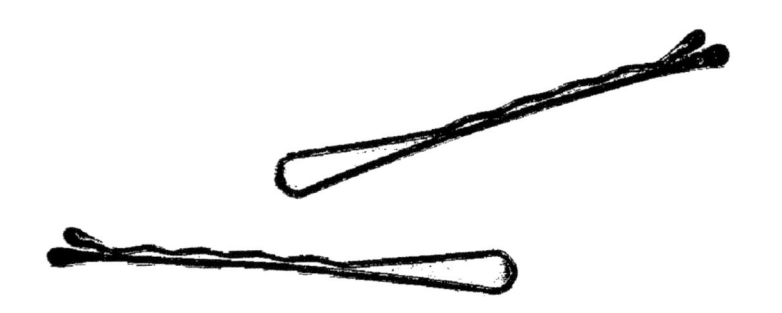

darei à terra
darás à vida

além disso
que é muito mais
o que eu desejo

serei quem sou
e serás quem és

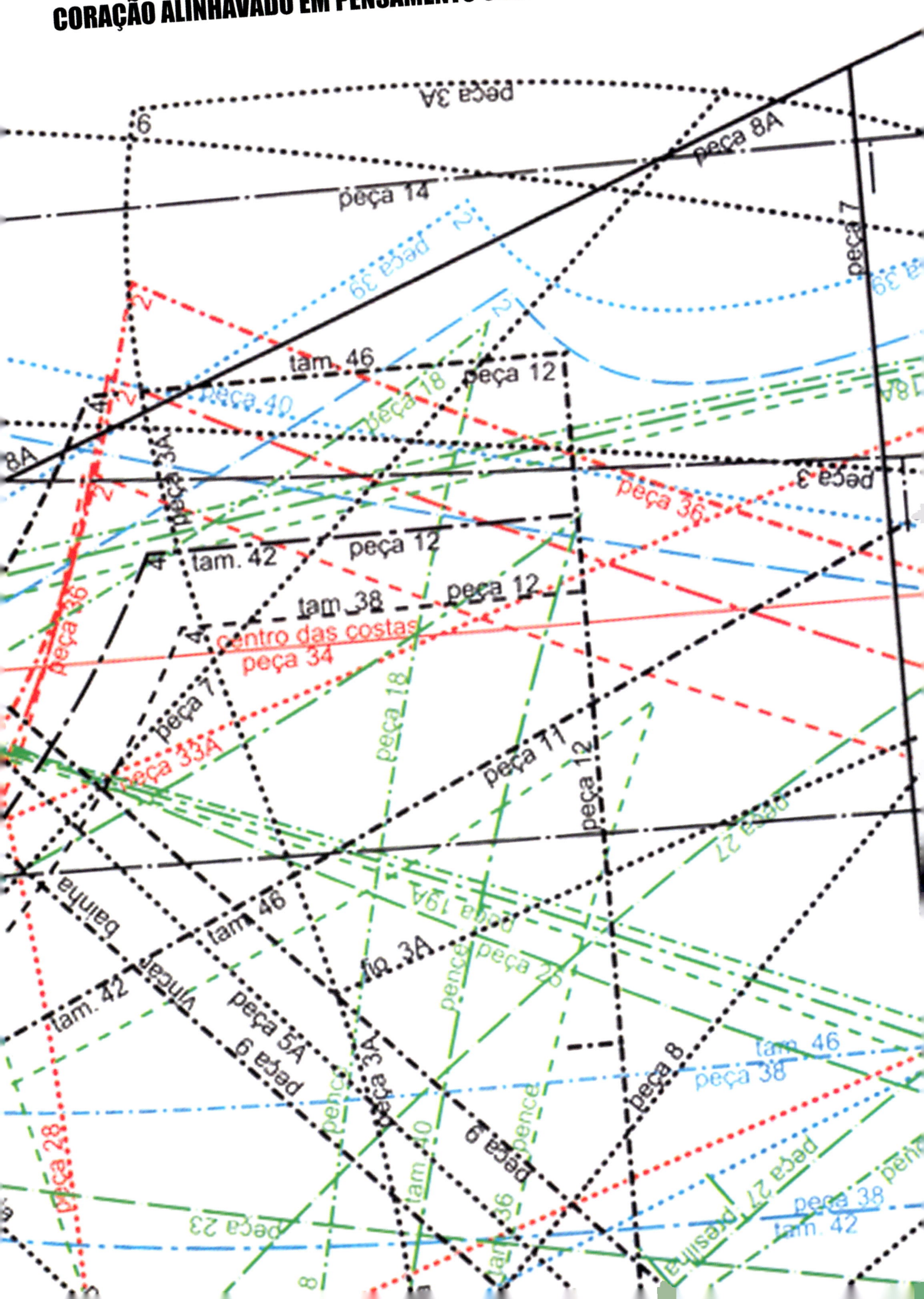

alma

onde posso

me esconder

de mim

o sol

nem o sol

pode me dar

tanto calor

quanto

teu

abraço

O poema estava escrito

EU SÓ FIZ JUNTAR AS LETRAS

SOU

AINDA

NO CANTO

ESCURO

A MESMA

CRIANÇA

QUE APRENDEU

A SORRIR

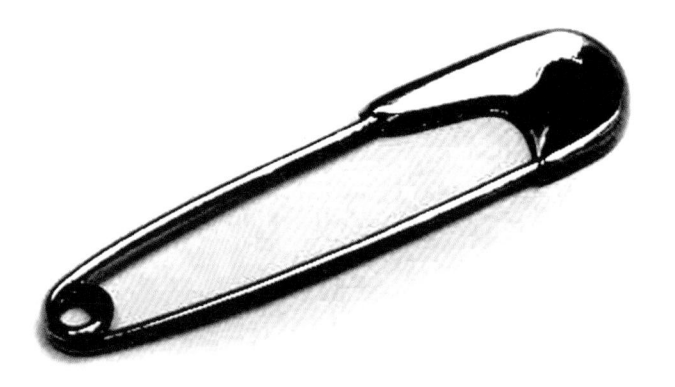

nos CaNTOs da aLMA

não jogo fora
o creme de cabelo
q vc deixou no banheiro

a validade acabou
mas ... em mim
o tempo não existe

*a c*have
é o *a*mor

*i*mpulsiona
o que *p*aralisa

OCO
de tudo

CHEIO
de solidão

COLECIONO ASAS PARA VOAREM MEUS SONHOS

1
pessoa
singular
fazendo
plural
em mim

É
NO
FRACASSO
ONDE
ME
RENOVO

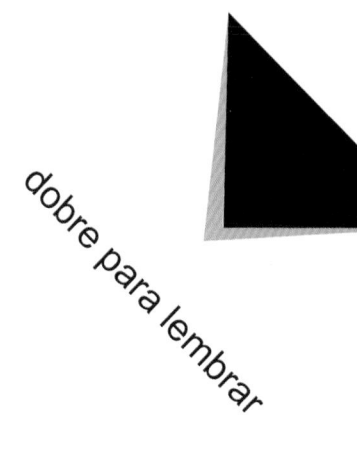

dobre para lembrar

recorte para esquecer

SOU EU
ANDANDO EM TRILHOS

EQUILIBRANDO
DESEQUILIBRANDO

CAINDO NO ABISMO
ENTRE MIM
E O QUE TEM
DE ALÉM NA VIDA

toca ...

mi faz sol

em ti

mi fá som

de si

mi faz ser

de mi

Tudo na vida
Tem seu preço

Valor de compra
Valor de venda

Ou se compra felicidade
Ou se vende alegria

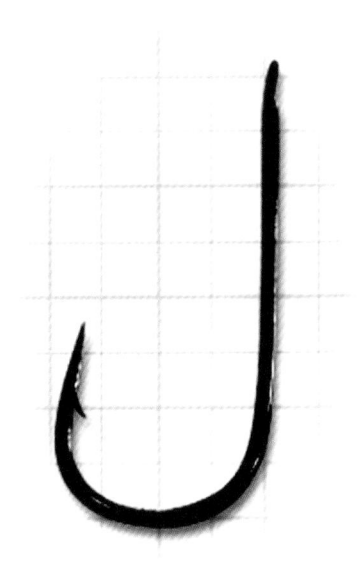

Águas

eu

traço

fora

de

mim

Ventos

caminho

sem

saber

os

rumos

Poeira largou de mim

Pequenas partes do ser

Partículas

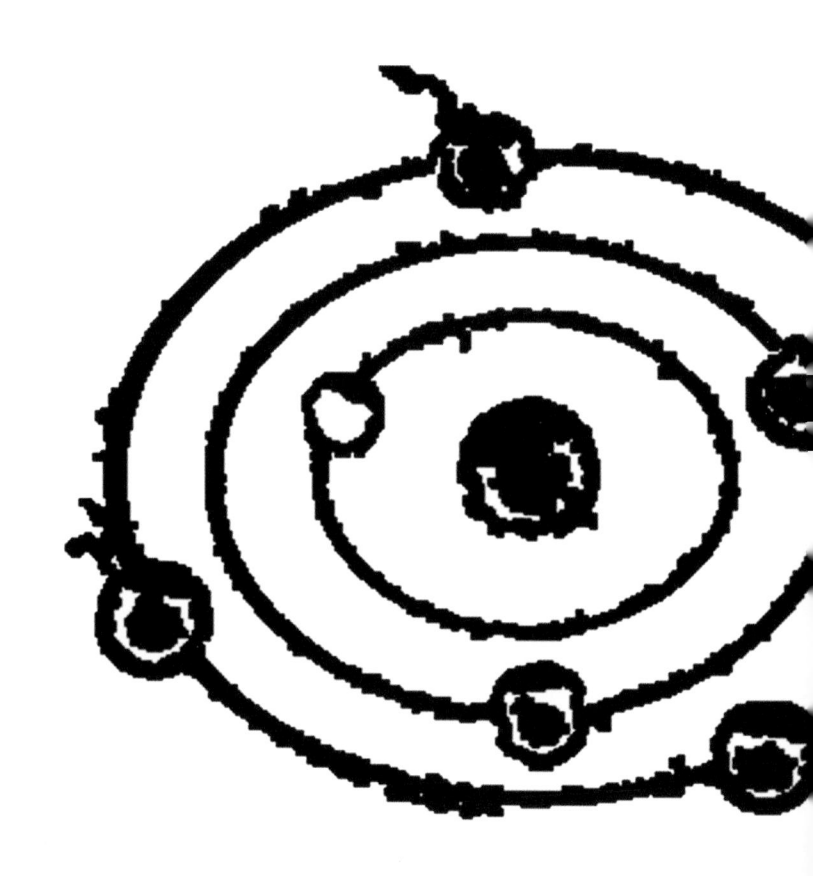

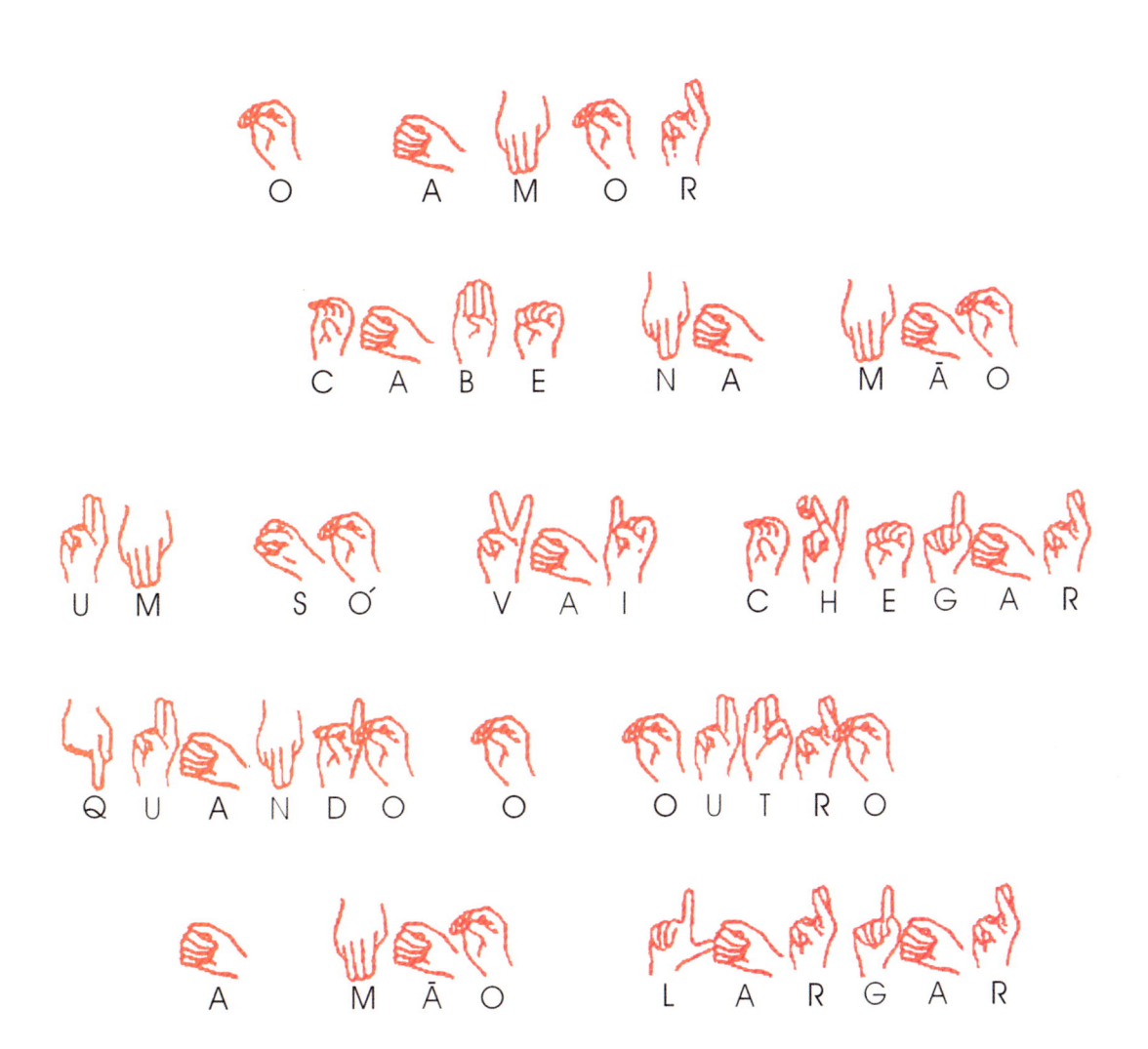

O AMOR
CABE NA MÃO
UM SÓ VAI CHEGAR
QUANDO O OUTRO
A MÃO LARGAR

tinha tanto
o que dizer
+
não tinha
a quem escrever

uma
jardineira
plantando
semente
em mim

A saudade
é uma planta
que seca
por dentro
a gente

que nos muda
a direção

como se para sonhar precisasse dormir...

a vida é provisória o encontro permanente

ERA UMA MULHER COM BOCA
SEM O PODER DE SORRIR

NÃO
HÁ NADA
MAIOR
NA VIDA
DO QUE
AS PEQUENAS
COISAS
DA VIDA

abra
seus abraços
me acolha
em seus laços

um sino vai tocar
quando minha vida
acabar

é o sinal então
para outra vida
em mim entrar

COMO OS ELOS
DE UMA CORRENTE

UNINDO O PASSADO
AO PRESENTE
AINDA SEM
UM FUTURO

1 grão de
saudade
pesa

que
1 kg de
felicidade

CEGUEIRA

É NÃO VER TUA ESTRELA BRILHANDO
NO NEGRO DA ESCURIDÃO

EU
FLÁCIDA DE MIM
POR ESSA
E TANTAS OUTRAS
Q EU T FIZ
CHEGO A TI

CAMURÇA
MEU CORAÇÃO

CAMURÇA-ME

CAMURÇA...

UM DIA EU SONHO NO OUTRO EU ACORDO

NAS FOLHAS DOS LIVROS QUE EU LEIO
NOS BOSQUES QUE EU PASSEIO
NA CIDADE QUE EU HABITO...

AINDA SINTO NO ROSTO
O ENCANTADO VENTO
QUE TE LEVOU

se arrependimento matasse
eu morreria
pelos beijos q não dei
pelos olhares q não vi
pela saudade q senti

Do mar tirei

de-li-ca-da-men-te

o que cabia em minha mão

Depois ... devolvi.

Porque é assim que tem que ser.

Pega-se da vida,

o que se consegue

devolver.

POR 1 CAMINHO
NOS LUGARES
ENCONTRO PESSOAS

NELAS VIAJO

COM ELAS
PERMANEÇO

joia rara

pessoas que mudam como diamantes

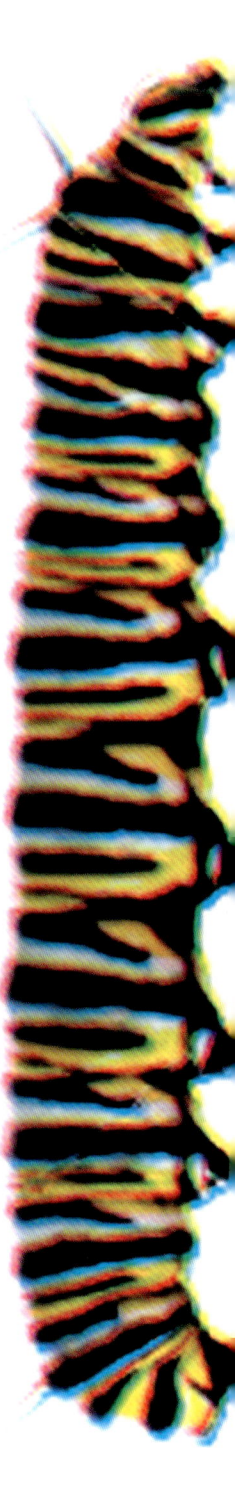

quando virei
meu olhar
para vc
já era tarde
para não te ver

o favo

como a vida

é doce e bonito

que se transforma num bolo
que não deve ser engolido

EU TUDO POSSO NAQUILO QUE ACREDITO

Troquei
os lençóis

descortinei
meus olhos

reinaugurei
os desejos

acordei

fui para a janela
do sonho

esperar

ERA UM MENINO COM AZAS
ZEM O PODER DE
VOAR...

PROCURO POR DENTRO
ALGO QUE ME FAÇA
SORRIR COM GOSTO
ACORDAR SEM MEDO
ADERIR À VIDA

PROCURO
EXISTIR SOMENTE

PROCURO DENTRO
MANEIRAS
DE ME MANTER GENTE

PROCURO INFÂNCIA

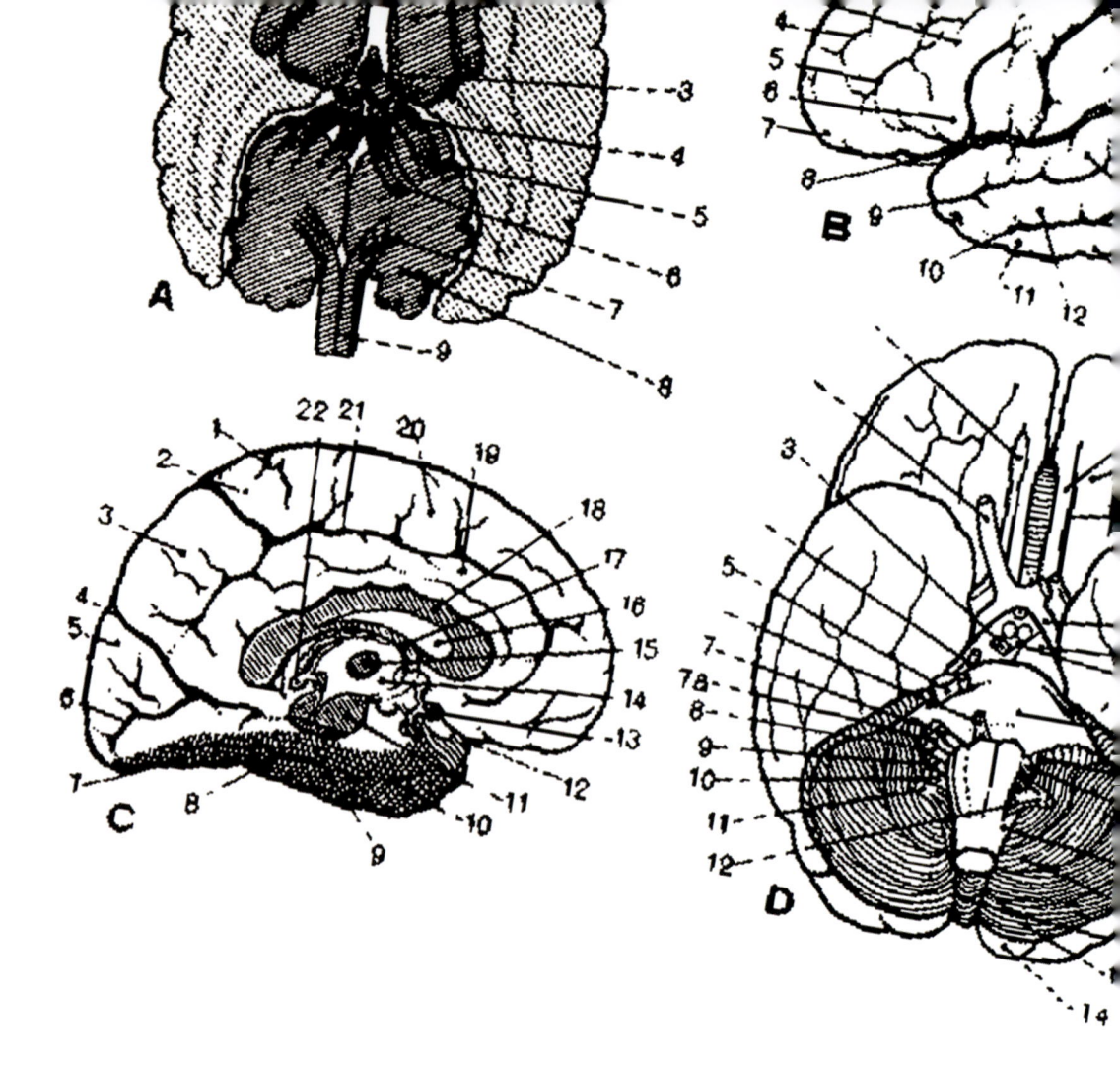

eficiente
mente
coerente
mente
imprudente
mente

então por que eu
não posso mentir?

Nas páginas dos livros

　　　guardo folhas

Folhas de árvores

　　　em forma de papel

No papel das folhas

　　　eu guardo a mim

Com raízes e frutos

　　　... como as árvores

SE FOR PARA FICAR
PODE SER PARADO

SE FOR PARA SER LIVRE
TEM QUE SER VOANDO

POR TRÁS DE MIM TEM ALMA BOA QUE VERTE LÁGRIMAS

Mi ... Lá

às vezes

da vida

o que

se quer

é calor

falo de coisas que muitos não falam /
poucos entendem / que ninguém percebe

falo dos toques / de olhares / cheiros
sem internet / caminhões de entrega / correios

falo de mim

Das pAlAvRas quE sAem da BocA o fiLtRo é o CoRAçÃo

Respondo cartas
e-mails e cantadas

Respondo perguntas
e apertos de mãos

A sorrisos e a gritos

Respondo a vida
                vivendo

e . . .
(co) respondo a olhares
como antigamente

cuide de si

que eu cuido

de mim

sem dó

Coleciono namoros

Coleciono afetos
objetos / cores

Coleciono olhares
e som de passos
de quem desejo
por perto

construtora de sonhos

realizadora de viagens

idealizadora de fantasias

por isso

troco os pés pelas mãos

e ando mesmo

na corda bamba

da vida

no zigue-zague

dos sonhos

CALAR
TANTAS VEZE
CONVERSAR

tenho medo das lembranças

não das que eu tenho

das que esqueço

a vida
deveria ser assim
muita coisa boa
pouca coisa ruim

a

lista

de coisas

que eu amo

inclui teu nome

tem plantas / ondas

som de sorriso

tuas mãos

teu nome

(de novo)

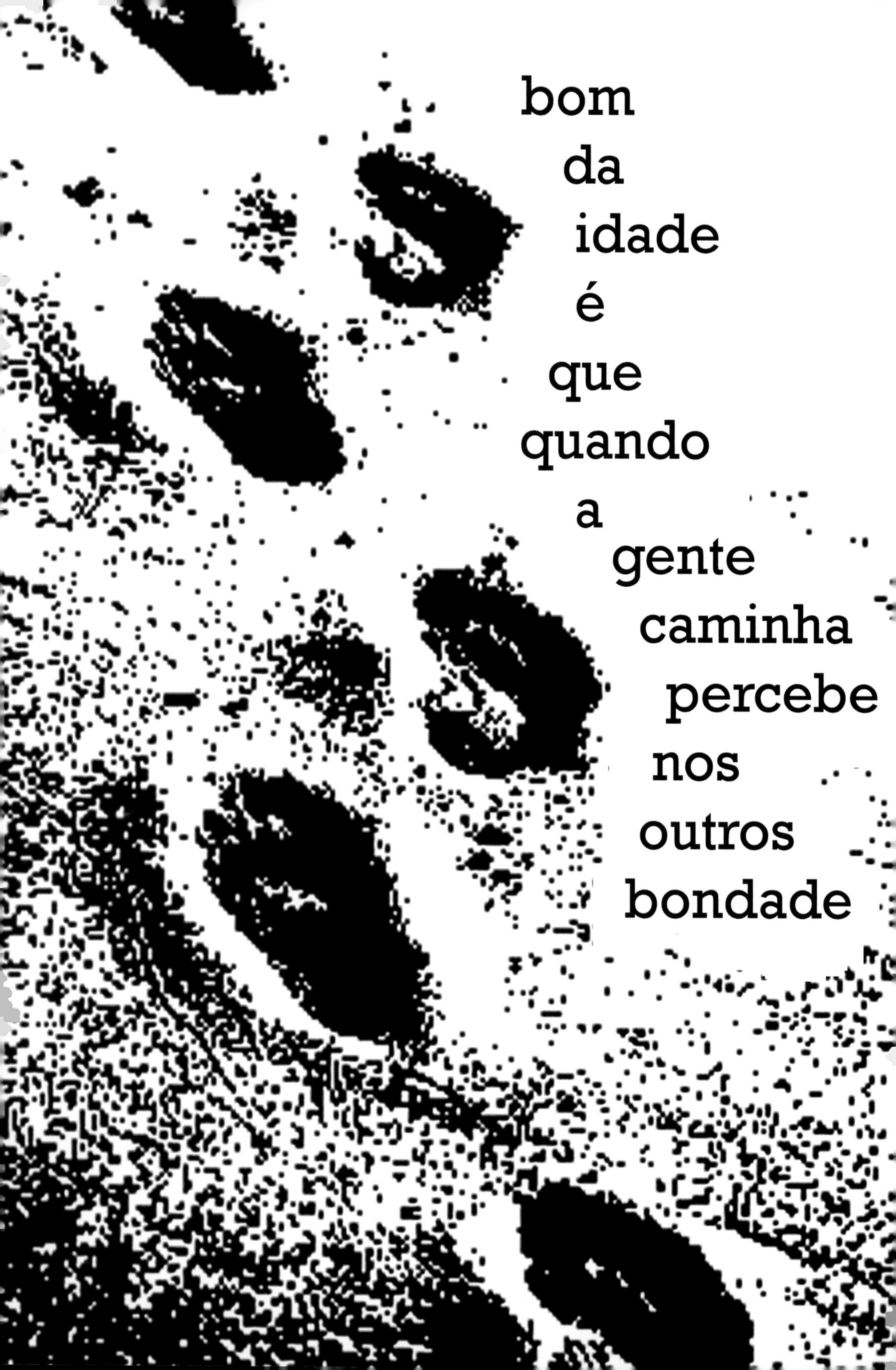

bom
da
idade
é
que
quando
a
gente
caminha
percebe
nos
outros
bondade

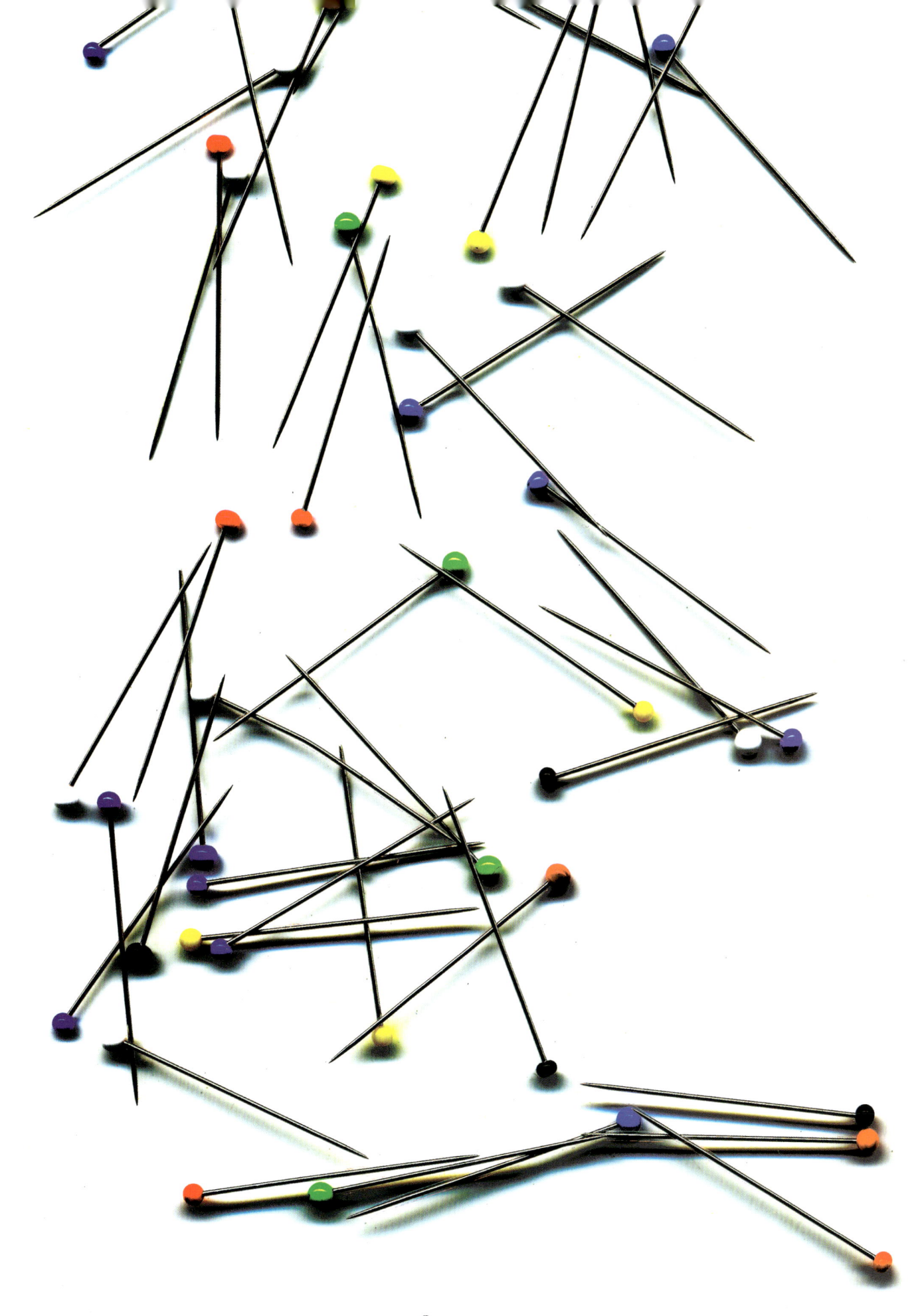

**QUANDO ALGUÉM FALA EU TE AMO
O GOSTO TEM QUE SER DE NUVEM**

existem amores gigantes
amores pequenos e amores maiores
inesquecíveis e inacessíveis
existe neste mundo todo tipo de amor
existem os que não amam
e os que reclamam
quem tem e não sabe
e os amores sem cor
para todos os gostos
todo tipo de amor
de mim... sei
existem amores e amor

RE
NOVAÇÃO

Vida Nova
Em Seres
Antigos

Nasci em Caruaru, Pernambuco, e moro no Rio de Janeiro, desde que me lembro de mim.

Comecei a desenhar ainda pequena, sob influência de Yuri Gagarin, o astronauta. Foi ele quem afirmou que a Terra, vista lá de cima, era azul.

Vem daí minha vontade de colorir de azul todas as bordas do mundo, que nascem sem cor.

Trabalhei em muitas coisas: fui professora, tornei-me desenhista em agências de propaganda e em estúdios de criação; trabalhei em gravadoras de discos, como designer de capas. Hoje ilustro livros, jornais e revistas.

Sou quase carioca. Gosto do mar e das montanhas do Rio, mas minha cidade mora em mim e aparece nos traços dos meus desenhos e da minha poesia.

Alegro muito o meu coração com o trabalho que eu faço.

Mostro aqui pra vocês um pouquinho do meu sonho de ver a Terra como Yuri. Mostro o sonho azul do meu olhar.

Ayssa

www.ayssa.com.br